www.ingramcontent.com/pod-product-compliance
Lightning Source LLC
LaVergne TN
LVHW010457160826
845677LV00012B/2525

ساندي ناصر

طيف تائه

طيف تائه

اسم الكتاب: طيف تائه

نوع الكتاب: خواطر

تأليف: ساندي ناصر محمد

تصميم الغلاف: مليكة محمد

التصحيح اللغوي: أميرة سعيد

التنسيق الداخلي: نورا سليمان سيد

رقم الإيداع: ٢٠٢٣-١٥٨٠٠

الترقيم الدولي: I.S.B.N ٩٧٨٩٧٧٨٦٨٢٩٠٨

جمهورية مصر العربية- القاهرة

مدير النشر: أحمد مكي جهاد محمود

01208209008 – 01142340175

Ahmedmakay79@gmail.com

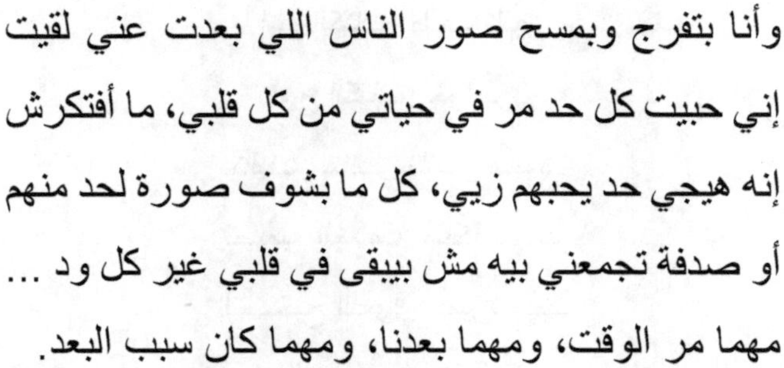

وأنا بتفرج وبمسح صور الناس اللي بعدت عني لقيت إني حبيت كل حد مر في حياتي من كل قلبي، ما أفتكرش إنه هيجي حد يحبهم زيي، كل ما بشوف صورة لحد منهم أو صدفة تجمعني بيه مش بيبقى في قلبي غير كل ود ... مهما مر الوقت، ومهما بعدنا، ومهما كان سبب البعد.

☆☆☆☆☆☆

الظروف مسابتش حد فينا مغيرتهوش، كُلنا اتغيرنا أولوياتنا اتغيرت، مفاهيمنا اتغيرت، أسلوبنا اتغير، دعواتنا اتغيرت، حتى مقامات الناس في حياتنا اتغيرت، الفترة اللي فاتت دي كفيلة بتغيير كُل حاجة في حياتنا لحد ما وصلنا للنُسخة اللي احنا عليها دلوقتي، واللي مع الوقت هتتغير برضو.

عارف إيه أسوأ إحساس ممكن يقابلك إن يبقى موجود حواليك ناس كتير بس مجرد عدد، محدش فاهمك ولا عارف يفهمك، محدش حاسس بيك، ولما بتحاول تحكي بتلاقي إن اللي جواك ميتحكيش فبتصعب عليك نفسك، وبتوصل لمرحلة خايف تقرب فيها من أي حد بسبب إنك خايف تكسره في يوم.

☆☆☆☆☆☆

اعتراف

بتمنى أعيش فرحة انتصاري بتحقيق كل أحلامي، بتمنى أعيش الحياة الهادية اللي راسماها في خيالي، بتمنى الهدوء والراحة لقلبي، بتمنى عوض ربنا لكل صبري وتعبي.

☆☆☆☆☆☆

أنت مش فاهم يعني إيه تبقي قاعد في بيتكم وسط أهلك، وتحس إن المكان ده مش مكانك، وعمره ما هيكون مكانك!

أنا عايشه بتحايل على نفسي طول الوقت، بتحايل عليا أقوم من النوم، بعدين أتحايل عليها نغسل وشنا ونلبس، وأتحايل عليها تضحك في وش الناس، وأتحايل عليها تتعامل أصلًا مع الناس، وأتحايل عليها تأكل، أتحايل عليها تبطل تفكير، وبعد طول اليوم من محايلة في كل حاجة ... بتحايل عليها ترحمني وتنام.

☆☆☆☆☆☆

عدتُ مهزومًا، وأبكي من كل الأشياء التي راهنت عليها وآمنت بها، تلك الأشياء التي دافعت عنها حتى آخر رمق، ثُم عدت منها خاليًا إلا من الحُزن.

☆☆☆☆☆☆

أما علمت بأن الكتمان يحرقنا؟!

فهل ينام الذي في جوفه نارٌ.

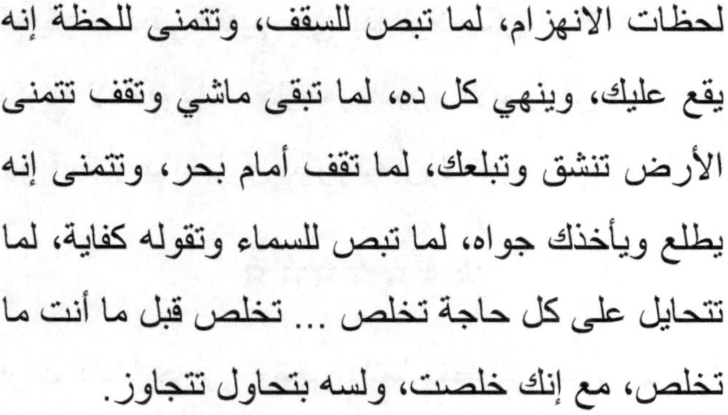

لحظات الانهزام، لما تبص للسقف، وتتمنى للحظة إنه يقع عليك، وينهي كل ده، لما تبقى ماشي وتقف تتمنى الأرض تنشق وتبلعك، لما تقف أمام بحر، وتتمنى إنه يطلع ويأخذك جواه، لما تبص للسماء وتقوله كفاية، لما تتحايل على كل حاجة تخلص ... تخلص قبل ما أنت ما تخلص، مع إنك خلصت، ولسه بتحاول تتجاوز.

☆☆☆☆☆☆

أيام فارغة كَهذه ،محشوةٌ بالنّاس، بالأحداث، بالأصدقاء

وخالية منّي أنا تمامًا، تتضاءل أحلامـي، وكان حلمي الوحيد كيف أنجو من هذه الأيام.

أصبحتُ هادئة

وأنا؟

أنا الفوضى كلها في رأسي، ولم يعُد في صدري

مُتسع لمرور تنهيدة، وبَدوتُ كأننِي

أصبحت عِبئًا على الكل.

لم يكن صديقي القديم سيئ أبدًا، ولا يمكن أن أتحدث عنه بكره؛ لأنه يومًا ما كان هو الجزء الأيسر في صدري، هو فقط أراد إخباري بطريقته أن لا شيء يدوم.

☆☆☆☆☆☆☆

أراك دائمًا حولي، ومَعي دائمًا تثبت لي أنني شيء لا يكتمل بدونك كلما أردت الابتعاد أقترب منك أكثر ... مهلًا هل أنا أراك في جميع مَن حولي؟ أو أن قلبي يُهيئ لِي هذا، لا أُصدق أكادُ أُجن مِن فرط حبي لك، لحظة؟ إنني أرى انعِكاسك فِـي القمر!! هذا جنون فعلًا، ولكن الأمر المميز أنه جنون الحُب، عليك أن تعلم أنني دائمًا هنا بجانِبك، ولكَ أيضًا.

☆☆☆☆☆☆

هذا الحُب لن يضيء الغرفة لو انقطعت الكهرباء، ولن يسد باب الجُوع، ولن يُخرس ديك الجّيران ...

لكنّه يَجعلني أشعر بأنَّني "إ نْ سَ ا نْ".

عارف إيه أسوأ إحساس ممكن يقابلك إن يبقى موجود حواليك ناس كتير بس مجرد عدد، محدش فاهمك ولا عارف يفهمك، محدش حاسس بيك، ولما بتحاول تحكي بتلاقي إن اللي جواك ميتحكيش فبتصعب عليك نفسك، وبتوصل لمرحلة خايف تقرب فيها من أي حد بسبب إنك خايف تكسره في يوم.

☆☆☆☆☆☆

ولماذا علي الإنسان أن يكون بين وبين؟

_لأن الإنسان يخلط بين الإعجاب والحُب

_وهل هناك حُب دون إعجاب؟

_لا، ولكن هناك إعجاب من دون حُب، وأنتِ حين تؤمنين بالحُب من أول نظرة فكأنك تجعلين منهما شيئًا واحدًا!

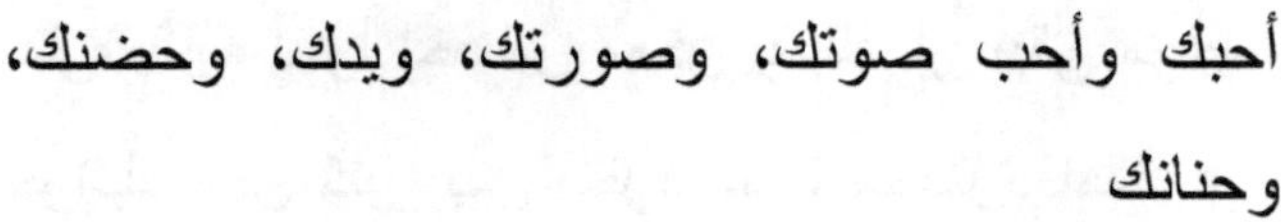

أحبك وأحب صوتك، وصورتك، ويدك، وحضنك، وحنانك

أحب كل أشيائك

وأحب أنني محاطة بها طوال حياتي.

☆☆☆☆☆☆

كُنت دائمًا، ولا زلت بحاجة حضن "مُفرط بالحنية" يجهلني، وأجهله أبكي عليه لمدة يوم كامل، ثم أعود خالي الوفاض بلا أحزان.

☆☆☆☆☆☆

أنا مَبتنسيش يـا جَماعة، أنا سايبه فـي حياة كل اللي كانوا معايا أصل وحنية وحُسن نية، وكمية حجات حِلوة كفيلة أوي تخليني مبتنسيش، ولو جت بعدي الدنيا كلها.

"أنا لستُ ضعيفة، ولكن الخصم كان عائلتي دائمًا؛ التحكم بي وبقراراتي دائمًا تحت عنوان "نحن نريد لكي الأفضل"، يفضلون دائمًا هدم طموحاتي التي لا تعجبهم، ويحكمون عليّ أن أبني طموحاتٍ أخرى هم يفضلونها.

☆☆☆☆☆☆

الحنية هي الضمان اللطيف للحُب، أي شخص حنين مبيتغيرش، ولا بيقسى ولا بيخون، ولا بيهون عليه حد بيحبه، بيبقي عنده استعداد دايمًا يهون عليه، ويطيب خاطرك في أي وقت؛ لأنك مبتهونش عليه، عشان كده لما تيجوا تختاروا رفيق أو حبيب اختاروا ناس حنينة.

☆☆☆☆☆☆

ما زالت صديقتي، ولكني تعافيت منها لم أعد أصر على تواجدها في كل شيء جميل توقفت عن ندائاتها، واللجوء إليها قَلت مقدارها في قلبي بقدر ما هُنت عليها.

مع كُل كلمة يا رب بتقولها من قلبك في عز خنقتك، ومع كل دمعة بتنزل منك، وأنت بتكلم ربنا حتى لو من غير صوت، وبعينك بس ومع كُل كسرة كتمها في قلبك بس عارف إن ربنا مش هيسيبك ربنا حاسس بيك جدًّا أكبر مما تتصور خليك واثق بإن اللي أنت حاسس بيه ده مش دايمًا كل حاجة، وليها آخر مفيش تعب بيدوم، ودايمًا أخرة الصبر معروفة آخرتها جبر، وفرج من حيث لا تحتسب ما تيأسش من رحمة الله هييجي الوقت اللي ربنا يعوض قلبك فيه عن كل اللي شوفتها.

سَأعيدُ بناء نفسي ألف مرة، وأجرب ألف طريقٍ وألف حيلة، وسأقطع لمستقبلي ألف وعد، وألف ميل مهما كانت الضربة التي أتلقَّاها قوية سيكون الرد أقوى، قد أتراجع، قد أخسر، لكنني لن أنهزم، فعزيمتي لا تُقهر.

☆☆☆☆☆☆

الغيرة من الحاجات اللي مش مسموح فيها بالنقاش؛ يعني مينفعش تناقش حد في غيرته إطلاقًا، فلما تلاقي حد غيران عليك متقعُدش تبحث عن مُبررات خايبة زي: "والله دِي زميلتي، والله دَا زي أخويا"، الكلام دَا بيقفل اللي قُدامك أكتر، الغيرة سببها الحُب الزايد والموّضوع مش بإيدنا خالص، مَفيش حد في الدُنيا بيغير عشان ينكد ... اللي بيغير عليك دَا بيحبك وبيحبك أوي كمان.

الاستثناء

بس الاستثناء اللي ممكن يقربني من حد مهما كنت رافضة للعلاقات، بحب أحس نفسي غير عنهم ومميّز في حياتك، بنبسط لما أكون أعرف عنّك حاجات مفيش حد يعرفها، واللي تأثر عليك أقوى من أي شخص تاني، لما تديني مكان خاص ليا أنا بس من بين كل ضجتك الاجتماعية، في أنت تستاهل إني أغامر عشانك، حتى لو طلعت خسران، يكفّيني أن أكون محفور بذاكرتك.

☆☆☆☆☆☆

"أنت الذي تقرأ، السلام على هاتين العينين الجميلتين قد لا أعلم من أنت، ولا كيف كان يومك، ولا كيف وصلت لي، مع ذلك أنا متيقنة أن لدينا أشياء كثيرة مشتركة، حتى ولو لم يكن، أتمنى أن تكون بخير، إذا كنت تنتظر رسالة ما فتخيل إنك تقرأ الآن ما تنتظره، أيًّا كان ما واجهته في يومك تيقن إنه لن يصبح بهذه الأهمية غدًا، احصل على أكلة جيدة، واشرب فنجان قهوة أو الشاي، ودع الله يتولى أمرك، فأنا يهمني أن تبقى بخير".

أحيانًا مش بعرف أسيطر على أفكاري كويس فَبحاول أعمل أي حاجة تِشغل عقلي بهدف إن صوت أفكاري يوطي حتى مش شرط يتوقف خالص، ومش مهم تمامًا أركز مع اللي بعمله ولا لا، المهم إن عقلي يبطل يجبرني على الكلام، ومتحطش في مشهد الضحية اللي بشوف نفسي فيه محبوس في سجن الأفكار، ومُجبر على الاستسلام؛ لأن بكل بساطة مفيش حل.

☆☆☆☆☆☆

دقيقة كدا يا جميل:

حابة أقولك حقك عليا بالنيابة عن كل الناس اللي كانت السبب في تدمير حياتك، والسبب فإنك مبقاش عندك ثقة في حد؛ لأنك اتخذلت كتير، حقك عليا أنا؛ لأنك حقيقي مينفعش تكون زعلان أو شايل كل الهموم ده جواك ... ممكن بقا توريني جمال ضحكتك، ومش عايز أشوفك زعلان ... عايز أقولك إن لو كل الناس خذلتك، وسابتك فأنا موجود هنا عشان أطمن قلبك بأني جنبك ومش هسيبك.

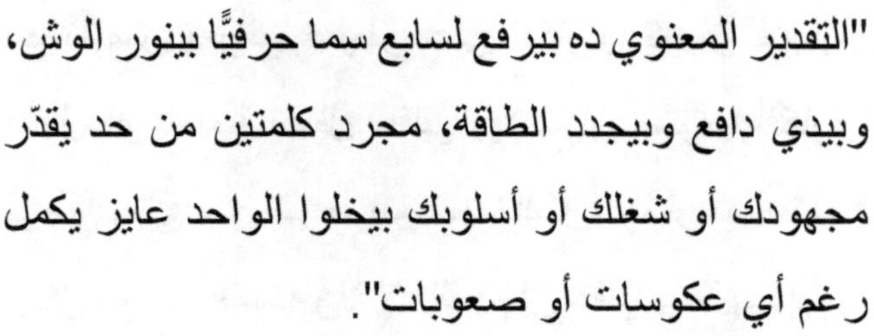

"التقدير المعنوي ده بيرفع لسابع سما حرفيًّا بينور الوش، وبيدي دافع وبيجدد الطاقة، مجرد كلمتين من حد يقدّر مجهودك أو شغلك أو أسلوبك بيخلوا الواحد عايز يكمل رغم أي عكوسات أو صعوبات".

☆☆☆☆☆☆

صباح الخِير

خليكُم لُطاف خُفاف عَلى قلوب الناس اللي حواليكُم، لو عندك كلمة حلوة هَتجبُر ِبخاطر حد ما تترددش لحظة تقولها، ولو لا يبقى السكوت واجب، الدُنيا تقيلة عَلى قلوب الكُل، ومحدش ناقص يتوجع بِكلمة من غيره، الحياة محتاجة ناس قلبها لّين بطيف خفيف، تمُر علىٰ القلب من غير وجع وتمشي، وهي سايبه خير، خير وبس.

لا تشبه أحدًا

لم تكن يومًا عاديًّا

كنتَ دائمًا

الجزء اللطيف

والطرف الرقيق

العلامة الفارقة

الوجه الحقيقي للجمال

والتعريف الأمثل للحب.

☆☆☆☆☆☆

بطريقة ما سأحول ضحكتكِ إلى قصيدة

أو إلى أغنية، أو لـدواء لحزنٍ مستعصي

فضحكتكِ أنتِ خلقتْ لأسباب عدة.

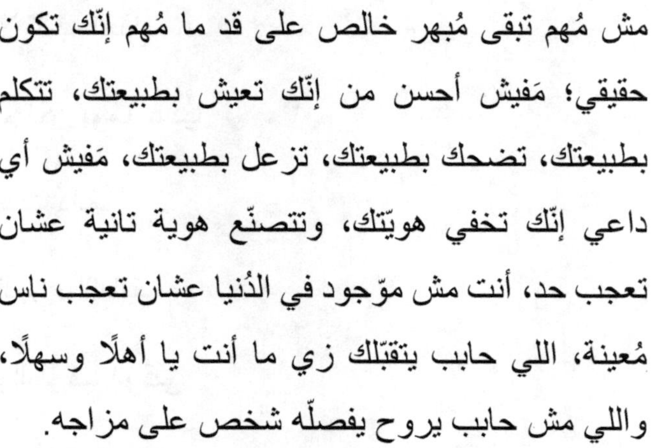

مش مُهم تبقى مُبهر خالص على قد ما مُهم إنّك تكون حقيقي؛ مَفيش أحسن من إنّك تعيش بطبيعتك، تتكلم بطبيعتك، تضحك بطبيعتك، تزعل بطبيعتك، مَفيش أي داعي إنّك تخفي هويّتك، وتتصنّع هوية تانية عشان تعجب حد، أنت مش موّجود في الدُنيا عشان تعجب ناس مُعينة، اللي حابب يتقبّلك زي ما أنت يا أهلًا وسهلًا، واللي مش حابب يروح يفصلّه شخص على مزاجه.

☆☆☆☆☆☆

مينفعش أبقى مضطرة أشرح، وأبرر كل مرة عشان متفهمش غلط أنا ممكن أعمل ده مرة واتنين وعشرة بس أكيد ليا طاقة، وليا آخر أكيد هآجي عند وقت مش هبقى متقبلة فكرة إني لو مشرحتش، وفسرت هتفهم غلط عشان اللي قدامي دايمًا راسملي صورة مبيغيرهاش، ولا بيقدر يشوفني غير بيها.

أنا كساندي عندي وجهة نظر في الجواز:

أنا مش شايفة إن الجواز عن حب حاجة مُميزة هو آه الموضوع حلو، لكن مش مُتكامل يعني أنت كدا حققت ركن واحد من ضمن أركان كتير لسه في رُكن التفاهُم، والمودة، والرحمة، والحنية، والصبر، والنضج، والاحترام المُتبادل، فلما تيجي تدخل علاقة خلي الحُب ضمن أولوياتك لكن مينفعش يبقى هو الأولوية الوحيدة.

تعال نحوي دائمًا

عندما تعاني الحزن والقلق والأرق

عندما تعاني الوحدة واليأس والفرح

تعال لي دائمًا

بلا تردد، بل تمرد ... أنتظرك هنا

أنا وأزهاري وذلك الكوب الفارغ من كل لذة

تعال لي الآن أو غدًا ...

فهذه الليالي الُمرة لا تنتهي إلا عندما تأتي فتعال ... تعال لِي دائمًا ...

فأنا كُلي لكَ.

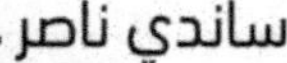

أراك دائمًا حولي، ومَعي دائمًا تثبت لي أنني شيء لا يكتمل بدونك كلما أردت الابتعاد أقترب منك أكثر ... مهلًا هل أنا أراك في جميع مَن حولي؟ أو أن قلبي يُهيئ لِي هذا، لا أُصدق أكادُ أُجن مِن فرط حبي لك، لحظة؟ إنني أري انعِكاسك فِي القمر!!، هذا جنون فعلًا، ولكن الأمر المميز أنه جنون الحُب، عليك أن تعلم أنني دائمًا هنا بجانِبك، ولكَ أيضًا.

☆☆☆☆☆☆

عارف إيه أسوأ احساس ممكن يقابلك إن يبقى موجود حواليك ناس كتير بس مجرد عدد، محدش فاهمك، ولا عارف يفهمك، محدش حاسس بيك، ولما بتحاول تحكي بتلاقي إن اللي جواك ميتحكيش؛ فبتصعب عليك نفسك، وبتوصل لمرحلة خايف تقرب فيها من أي حد بسبب إنك خايف تكسره في يوم.

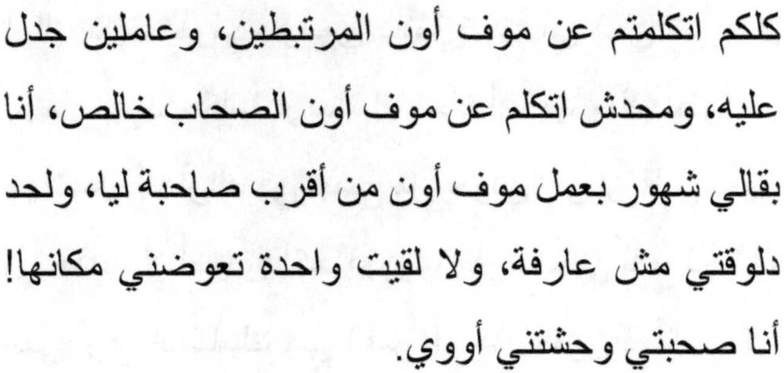

كلكم اتكلمتم عن موف أون المرتبطين، وعاملين جدل عليه، ومحدش اتكلم عن موف أون الصحاب خالص، أنا بقالي شهور بعمل موف أون من أقرب صاحبة ليا، ولحد دلوقتي مش عارفة، ولا لقيت واحدة تعوضني مكانها! أنا صحبتي وحشتني أووي.

☆☆☆☆☆☆

لو عَرفنا النـهايات ... لتجنبنا الكثير من البدايات رغم روعتها ... ولو عَرفنا حقيقة الأشخاص من أول نظرة لتجنبنا محاكاتهم، وصداقتهم ولو عَرفنا ما نحنُ مقبلين عليه لفضلنا مكاننا.

☆☆☆☆☆☆

"أخفيتُ حُبك عن جميع جوارحي، فوشت عيوني والوشاةُ عيون، أخفيت شـوقي لك عن جميع مَن حولي فـوشت لـهفتي شوقي المدفون".

قررت الانفصال عنه، وبعد ساعَتين من القرار أرسلت له رسالة تنص كالآتي:

"إلي الرجل الذي انفصلت عنه قبل ساعتين، أبلغك تحياتي من بيتي، وإني متأهبة للخروج مع والدتي للتبضع، أعلم إننا انفصلنا، ولكن اعتادت يداي على إبلاغك".

فَرد عليها: "إلى المرأة التي لم تنفصل عن روحي وجسدي، لا تتأخري؛ لأني معتاد علي الإصغاء لصوتِك في هذا الوقت".

بقولك يا عزيزي

مش مهم تبقى أحسن من غيرك، المهم تبقى أحسن من نفسك من سنة، والسّنة الجاية تبقى أحسن من نفسك دلوقتي!

محاولاتك عشان تبقى أحسن من غيرك بتنهش فيك، وتملاك حقد وغيرة، ومفيهاش راحة، لكن مجهوداتك عشان تشتغل على نفسك، بتبني فيك، وتملاك هدوء وراحة.

☆☆☆☆☆☆

لا أنسى جملة الباشمهندس أيمن أبدًا، وهي دائمًا نُصب عيني

الإنسان كائن مُخلّد

كائن خُلق للخلود،

والدنيا دي فترة استثنائية،

وعلى أساسها بيتحدد هو هيخلد فين ...

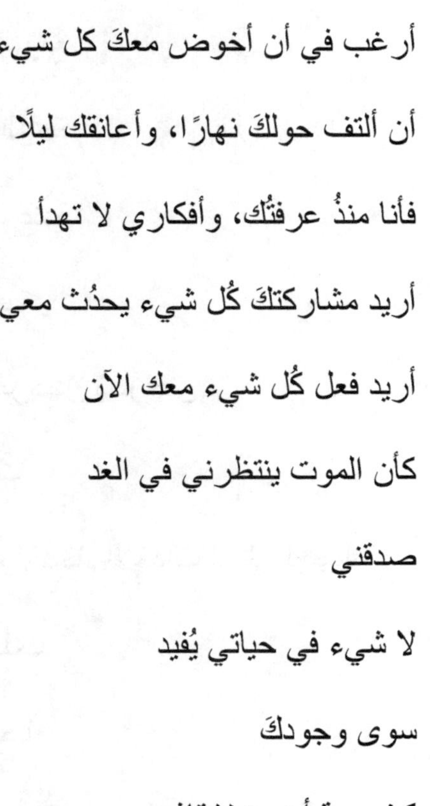

أرغب في أن أخوض معكَ كل شيء

أن ألتف حولكَ نهارًا، وأعانقك ليلًا

فأنا منذُ عرفتُك، وأفكاري لا تهدأ

أريد مشاركتكَ كُل شيء يحدُث معي

أريد فعل كُل شيء معك الآن

كأن الموت ينتظرني في الغد

صدقني

لا شيء في حياتي يُفيد

سوى وجودكَ

كفرصة أخيرة لإنقاذي

أنك طوقُ نجاتي الوحيد.

"في شريط حياتي السريع

كان وجهُك المشهّد الوحيد

الذي أوقفتُ الشريط عنده

لا آمل تكرار رؤيتك

كُل يومٍ أنا وقلبي، نركضُ مُسرعين

نتخطى عقبات الوقت

ومعمعةَ الحضور، وازدحام الأحداث لننظر لوجهك

نُطيل النظر ما استطعنا

خاشعينَ بكل جوارحنا

قائلين آمين، لِلَمسة وقُبلَة".

☆☆☆☆☆☆

"أنا ضعيفة جدًّا أمام مشاهد الأبوة التي ألمحها صُدفة بالطرقات ...

أتذكر، ويتمزق قلبي".

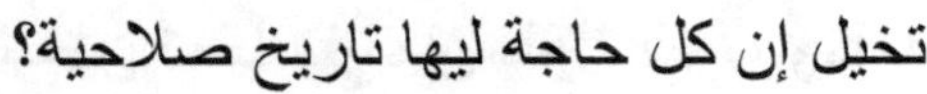

تخيل إن كل حاجة ليها تاريخ صلاحية؟

"حتى المشاعر"

يعني إعجابك بشخص لو متقابلش بالاحتواء المناسب هيجي يوم وينطفي، وصلاحيته هتخلص.

- زعلك وحزنك لو متقابلش بالاعتذار اللي يليق بيهم في وقت معين بيخلي صلاحية تقبل الاعتذار عندك تخلص اللي جالك في عز زعلك مش زي اللي جالك لما النار أكلت قلبك ...

فقدان الشغف اتجاه حاجات كنا مستنينها، وجت في وقت متأخّر بعد ما خلاص انتهى الشغف.

كل مشاعر طيبة وصادقه مهما كانت قوية هتخلص طالما مفيش تقدير ليها، ويكون باهتمام يحتويها ...

الوقت عامل مهم أكبر مُبدل للأحوال الأيام مبتقدمش احتواء ولا اعتذار الأيام بتمحي الشيء بس أثره بيسيب جمود ودرس قاسي! المهم يا صديقي تطلع من أي حاجة، وأنت متعلم منها درس جديد مش تكون ماشي بلا هدف.

كلمة واحدة مُمكن تخليك فرحان طول اليوم، وكلمة واحدة برضو مُمكن تخليك زعلان، عشان كده دايمًا لازم تِفكروا قبل ما تتكلموا؛ لأن في كلمة مُمكن ترفع من نفسيه الواحد وتغيرله مزاجه وتفرحه، وكلمة مُمكن توجعه، وتقلب عليه أكتر من اللي هو فيه.

☆☆☆☆☆☆

مش لازم تلمعي وتُزهي كل يوم ... عادي لو يوم وقعتِ، عادي لو طاقتك قلت أو بنزينك خلص، عادي لو الحمل زاد عليكي، وكان أكبر إنجاز في يومك إنك قادره تقفي، وتكملي متنسيش حقك في لحظات الضعف.

☆☆☆☆☆☆

"أحب الأشياء التي تولد على مهل، كالأفكار على نار هادئة، كالقصائد التي تُكتب على مدى أيام، كالحب الذي يتخلّق بين التفاصيل والأحداث، كالأحاديث العابرة بين ثنايا الزمن، كالشاي الذي استأنس النار طويلًا، وكالدمعة التي ذُرفت بعد عام من الحزَن".

عارف الأجمل من الحب، وكل مصطلحاته إيـه؟

إيه الأجمل؟

-إنك تلاقي حد يتبت فيك رغم كل عيوبك ونعكشتك.. حد ميحاولش، ولا يسعى لتغييرك يقبلك كده كلك على بعضك... إنك تبقى واثق إنه مهما حصل مستحيل الشخص ده يفهمك غلط علشان شايفك من جواك، وعارف قصد كل كلمة بتقوليها ... حد لو الدنيا كلها بعدت عنك يمسك إيدك ويقولك: أنا هنا ... شخص ميملش، ويفضل متبت فيك بإيديه وسنانه ... مش علشان مفيش غيرك لا.. علشان هو مش شايف غيرك، ولازيك.

☆☆☆☆☆☆

"أحبّ مساحتي الخاصة، أحبّ حدودي التي أصنعها، أحب الأشياء التي لا أحد يعرفها عني، أحب خصوصيتي مع نفسي، وعدم وصول أي شخص لها مهما ظنّ أنه وصل".

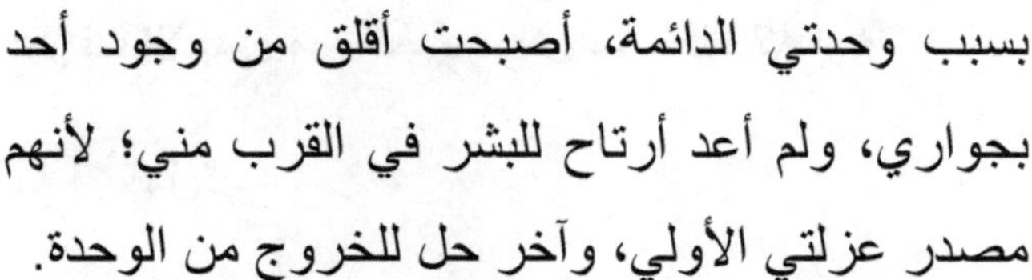

بسبب وحدتي الدائمة، أصبحت أقلق من وجود أحد بجواري، ولم أعد أرتاح للبشر في القرب مني؛ لأنهم مصدر عزلتي الأولي، وآخر حل للخروج من الوحدة.

☆☆☆☆☆☆

أتجرع ألم غيابك دائمًا، يبكي قلبي كل ليلة، ومنذ زمن وأنا أحدث طيفك، لا أريد السخط على قضاء الله، لكني أشعر بروحي تخرج عند ذكراكِ.

☆☆☆☆☆☆

سينجح أحدهما في التجاوز، والآخر ستكلفه الحياة بأن يروي لنفسه ما حدث في كل يوم ليتأكد أنها كانت النهاية.

☆☆☆☆☆☆

أنا أبكي أيضًا، لكنني أبكي بلا دموع، بلا شهقة حزن، وبلا انطفاء، وهذا ما جعلني أبدو بخير تمامًا، بينما قلبي يحترق.

لا أظن أن الأمر قابلاً للشرح، إنها مأساة الذي يركض بكامل لهفته تجاه الأشياء، ثم يعود بخيبة شعوره الفذ، يعود خاويًا وحزينًا.

☆☆☆☆☆☆

هذه المرة أنا حقًّا لا أعلم ما الذي يعنيه هذا الشُعور، ولا أعرف كِيف سيستقر، أنا لا أثق بهذا الهدُوء الذي أعيشه مُطلقًا.

☆☆☆☆☆☆

رأيتك وأنت تنظر إلى جراحي بعين باردة، بالرغُم من أنني لم أطلب المواساة منك، لكنني أردت بشدة أن أرى مقدار محبتك لي، ومنذ أول خطأ معك تجاوزتني

☆☆☆☆☆☆

كثيرًا ما أودُّ أن أنفجر ولا أفعل، أتذكرني وأراني في عبارة كتبها أحدهم تقول: "أنا بُركان سُدّت فوّهته"، وإن كان أحدكم يعرف كاتبها ليعتذر منه بالنيابة عني.

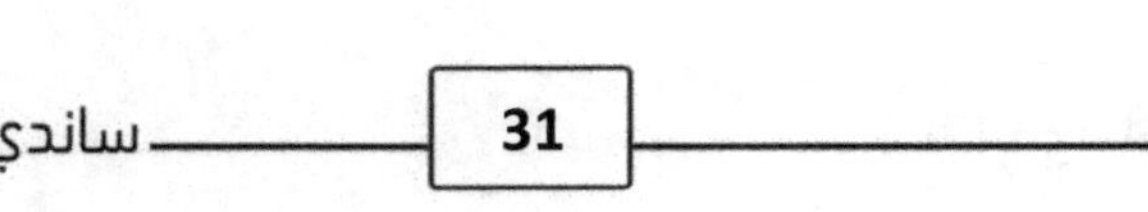

أرجو ألّا تخذلنا خطواتنا في منتصف الطريق، ولا أن نتّبع طُرُقًا ليست لنا، فنعود مهزومين مُتعبين بلا أيّ شغف، أرجو أن نستمر خلف شغفنا أملنا مُتعبين.

☆☆☆☆☆☆

أقف على شرفتنا القديمة أتأمل الأماكن التي تغيرت، وكيف أن الأشياء فقدت لونها، ورائحتها، وحضورها كيف استحال كل شيء إلى صمت عميق وسكينة.

☆☆☆☆☆☆

لا يمكنك أن تتخيل إلى أي حدٍ من الجنون أفتقدك، الافتقاد الثابت المستمر الذي أشعر به إيذاءك، غيابك ولو لم يكن إلا بين يوم والذي يليه، يهدني كل مرة.

☆☆☆☆☆☆

لا شي يزيد من ألم سوى الصمت والكتمان، لا نبكي بل نبتسم، والدموع تملأ أعيننا، نضحك والقلب ينزف دمًا، نيأس ولكن ما ينقذنا فقط هو التمسك بالكبرياء.

لقد فَقدت القُدرة على العِتاب، شتَات الطُرق المجهولة المُناقشات الطويلة، لا أملك طاقة كَافية لِبدء أي علاقة جديدة، لا أستَطيع التشَبُث بأي شخص أو حتى التَعبير عن مشَاعري له، فقدت الشَغف تجاه الكثير من الأشياء التي قد انتظرتها طويلًا، وأصبحت أميل أكثر للصَمت، يقَولون بَعد مرور العاصفة تُصبح شخص آخر لا يَنتظر ما يَتمناه، لا يُفكر إلا في مرور أيامه في صمَت وهدوء تام.

☆☆☆☆☆☆

الأمر ليس سهلًا كما تظن، أن تنفضَ كُل ما بداخلك على هيئةِ حروفٍ تهدّج صوتها، أن تكتب ويداك ترتعش، خائفٍ من أن ينكشف كل هذا الحشد من الشعور، أن تعبر السطور بحذرٍ تام تُحاول تجنّب حدوث أي خدشٍ قد يُبعثرك، أن تغرق في تفاصيلها وتعيش الألم مجددًا، أن تخرج في نهاية الأمر ضعيفًا ، مُتعبًا حائرًا، إنسَان ممتلئ بالتناقضات، سعيد بِشكل مُكتئب، ومنعزل بشكل اجتمَاعي مُستندًا على آخر نقطةٍ تضعها وأنتَ تتنهد.

أشعر أني على حافة اكتئابٌ قاتل أو جنون فوضوي، كل ما أعرفه أنه شيء يسيطر على أفكاري، شيءٌ مصيري شيء لا عودة منه ... فِي الأشياء التي تخشاها ستهديها لك الحياة؛ في هذا الوقت بالذات أشعر أن العالم يختفي بكُل ما فيه، وأبقى أنا، وظلي الذي يهرب أحيانًا دون سبب، أصبحت أفكر في كل شيء يتعلق بحياتي بشكل سلبي لا يُطاق أبدًا، ويطرق في عقلي سؤال هل أنا وحدي حقًّا، أم أن الناس في هذا الوقت تنتمي للأشياء.

☆☆☆☆☆☆

كلمة الاعتذار لن تمحيَ دموعي التي هدرت أيّامًا ولياليِ وأشهرًا، وما قاسيته من عناءٍ، لو حدّثتك عمّا أحدثتهُ كلماتك من جروح لن تلتئم، لقد استغرقت خيبةَ أملي وانكسار خاطريِ، وددتُ لو لم يكن صحيحًا ... لو كانَ مجرد غيابٍ كالعادة، لو كان كابوسًا، لو كان كذبة! لَكم تمنيتُ أن ما ما للغدِ وجود! ولكنّ للأسفِ فقد حان الوقت، الانتصار لكبريائي الضائع، لأجل روحي التي أخرستها، ولكن هيهات إنها الخيبات التي لا تنصفها الكلمات.

الحروف كلها في اضطراب تام كل حرف يطمح أن يكون في المقدمة كل نقطة كل سطر كل نسمة هواء كل شيء سيىء، أسفل النهاية حتى لو كانت الأخيرة أما بالنسبة لنا بدأت حتى حروفي في معظم أوقاتي لا أظنها لكَ كل ما ظننته بأنه يجب أن تشتاق لي دون ذرة شوق أن أراكَ دون نظر أن تفكر بي دون عقل أن نُقبل بعض دون شفاه، اكتمالًا ويتشتت التركيز في لحظة هدوء.

☆☆☆☆☆☆

أخشى السقوط مجددًا، لا زلت أُعاني من كسورٍ لم تُجبر، وندوبٌ لم تُطمس معالمها بعد، أخشى الليل أن يكسر نافذتي، أن يستولي على شيء قد خبأته من وضح النهار، أخاف جدًّا أن أتعثر أن أجثو على ركبتاي عاجزًا، متوسلًا، وأن أُقبل يد الاستسلام، أخشى أن تنكس راية صبري، أن تضحك شامتةً في وجهي الأيام

لا زالت صفعات الخُذلان الذي أصيب بها قلبي، ما زلت أقاوم رغبتي في عدم مغادرة فراشي، ما زلت أخوض حربًا لا تنتهي، أنهزم وأسقط وأنهار ثم أنهض وأعود، وهكذا تحدث الأشياء في الكواليس ما زلت أتجاوز، وأتغافل، وأتعافى.

☆☆☆☆☆☆

أعلم جيدًا شعور اللاشيء، وأذكُر جيدًا عندما كُنت أجلسُ وحيدًا في ذلك المكان المُنعزل، وأذكُر جيدًا كيف تحمّلت عَناء هذا العالم وحدي لم أوقظ أحدًا لأخبره عن الأرواح التي تسكن داخلي وتستيقظ ليلًا، كُنت بمفردي دائمًا، أجلسُ وأُشاهد فقط من يأتوا ويرحلوا مثلما جاءوا، ولن أعتذر لأحد عن القسوة التي أنا عليها الآن، ولا أحد اعتذر عندما كانوا السبب في كُل ذاك الخراب.

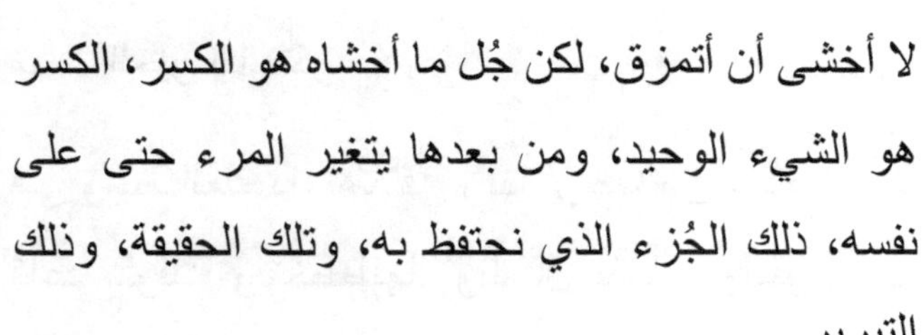

لا أخشى أن أتمزق، لكن جُل ما أخشاه هو الكسر، الكسر هو الشيء الوحيد، ومن بعدها يتغير المرء حتى على نفسه، ذلك الجُزء الذي نحتفظ به، وتلك الحقيقة، وذلك التبرير.

☆☆☆☆☆☆

المخيب للأمل هو أن يكون داخلك محشو بأحاديث تعبر عن سوء حالتك، والمخيب أكثر هو أنك بقيت صامتًا، وإن أردت التحدث لا تجد ما يناسب حجم معانتك، وإذا أردت البكاء تخشى أن يراك الآخرون منكسرًا، وإذا كابرت سيظهر على تقاسيم وجهك، وهكذا تبقى مشتت باحثًا عن نفسك في متاهات الحياة منكسرًا وحيدًا مرمي على أرصفة الاشتياق متعب من مشاق الذكريات ...

☆☆☆☆☆☆

انحيازك للهدوَء، تجاهلك العتاب في أشد حاجتك لممارسته، اكتفاؤك بذاتك، تصالحك مَع الغياب، الاهتمام المبهم كل هذا يسمى: نضوَج.

مساء الخير يـَا سُكر

فـي وسط العك دا، هتلاقي ربنا فرجها من عنده، وأنت قاعد دلوقت وبتخططلها، وبتسأل نفسك، وبتقول بس ازاي دا هيحصل، ومش بعيد تكون بتقول إنه مستحيل، أنا جاي أقولك خلي عندك حبة أمل، على حبتين ثقة في ربنا، وهتلاقيها فرجت من حيث لا تحتسب، ساعتها هتنبهر من كرم ربنا عليك، وإنه قد أي حنين علينا، وكريم ومش بينسانا أبدًا فتفاءل كدا يا صديقي، واللي جاي كله خير.

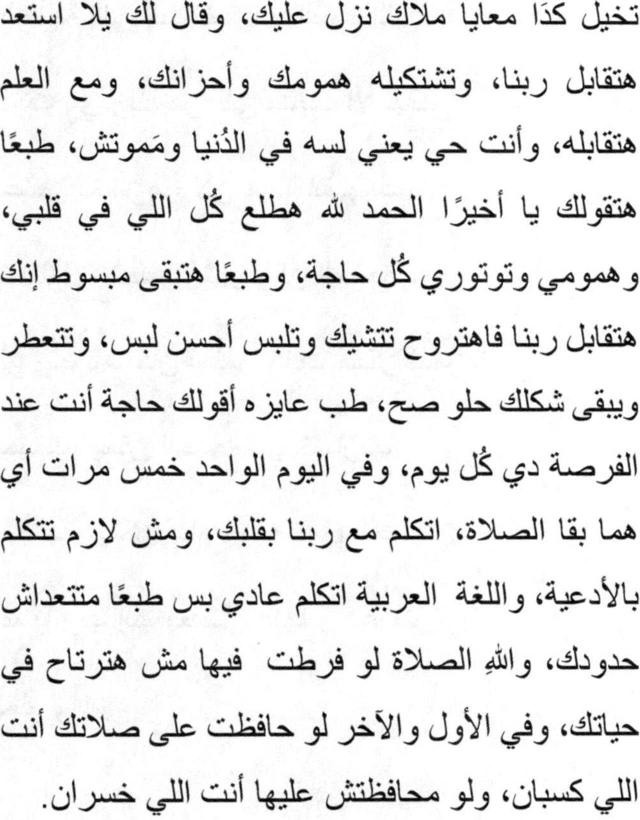

تخيل كدَا معايا ملاك نزل عليك، وقال لك يلا استعد هتقابل ربنا، وتشتكيله همومك وأحزانك، ومع العلم هتقابله، وأنت حي يعني لسه في الدُنيا ومَموتش، طبعًا هتقولك يا أخيرًا الحمد لله هطلع كُل اللي في قلبي، وهمومي وتوتوري كُل حاجة، وطبعًا هتبقى مبسوط إنك هتقابل ربنا فاهتروح تتشيك وتلبس أحسن لبس، وتتعطر ويبقى شكلك حلو صح، طب عايزه أقولك حاجة أنت عند الفرصة دي كُل يوم، وفي اليوم الواحد خمس مرات أي هما بقا الصلاة، اتكلم مع ربنا بقلبك، ومش لازم تتكلم بالأدعية، واللغة العربية اتكلم عادي بس طبعًا متتعداش حدودك، واللهِ الصلاة لو فرطت فيها مش هترتاح في حياتك، وفي الأول والآخر لو حافظت على صلاتك أنت اللي كسبان، ولو محافظتش عليها أنت اللي خسران.

الحاجة اللي أنت خسرتها الفترة اللي

فاتت دي ربنا هو اللي مسبب الأسباب

عشان تخسرها؛ لأن هو شايف إنك

تستاهل الأحسن، شايف إن الحاجه دي

لو وجودها كان استمر كانت ممكن تدمر

حياتك، يمكن الحاجه دي خسارتها

مكسب، يمكن قدام شويه تقول الحمد

لله يا رب إنك بعدتني عنها ... عوض ربنا

حلو والله.

كانت تؤلمني رؤيتك، وَأنت تتغير في داخلي لتصبح مثلهم مجرد عابر، كنت أغمض عيناي بشدة خشية أن أراك تعوَد غريبًا كما كنت، وَأحاول كلما أخبرني عقلي بأنك ذاهب أن أنام، أنام وَأشعر بخطوَاتك تحطم قلبي وأستيقظ باكيًا، كنت أشعر بكل هذا، وَأنت لا تعي شيئًا، الآن كأني أنهيت شعوَري وَلم أعد أشعر بشيء.

☆☆☆☆☆☆

كانت مشكلتي أن الكلمة التي تقال لي تأخذ حيزًا في قلبي، سواء كانت لطيفة أو جارحة؛ لذلك أفشل في كل مرة أحاول تجاهل فيها هذا العالم ...

☆☆☆☆☆☆

لا أؤمن بالعتاب، ولكنني أنسحب كلما شعرت بعدم أهميتي؛ لأنني فهمت مؤخرًا أن العتاب ليس إلا أداة حادة يجرح بها المرء نفسه.

أنا كومةٍ من اللامبالاة تسير بحذرٍ مُفرط.

نحنُ ضحايا الغُفران المُتكرر والأعذار المبهمة، والتغافُل لبقاء الود، لم نكُن لديهم إلا مُجرد فضول نحنُ الأحق بالاعتذار كله مُقابل طيبة قلوبنا، ولن يكفينا مِن أحدهم أي اعتذار.

☆☆☆☆☆☆

لسنا نحتاج في حياتنا لأكثر من أن ننام، ونحن على يقين أننا لن نستيقظ على خبر فقدان اشخاص نحبهم ... لسنا نخشى الانهيار؛ لأننا جربناه وعرفنا أنه هناك من سيحاولون، وأن رفضناهم أن يمدوا لنا يد العون لنعود، ونواصل السعي والركض في هذه الحياة مهما مررنا بانتكاسات نفسية، واضطرابات لاشعورية تلك الطمأنينة ربما يمنحنا إياها أولئك الذين نكون لهم الخيار الأوحد، والوحيد حين يهاجمنا الجميع نجدهم مدافعين عنا يتقبلوننا بمساوئنا قبل مميزاتنا يحبون عيوبنا، ولا يسيئون الظن بنا أو يتصيدوا أخطاءنا ليبتعدوا أو يتهمونا بما ليس فينا أو حتى ليحطمونا، قد قضينا أيامًا نهشنا الخوف فيها، وأكل نوع آخر من الخوف ما تبقى ولم يبقى لنا إلا أن نجد ملجأ؛ لأننا نحتاج فقط إلى الطمأنينة ...

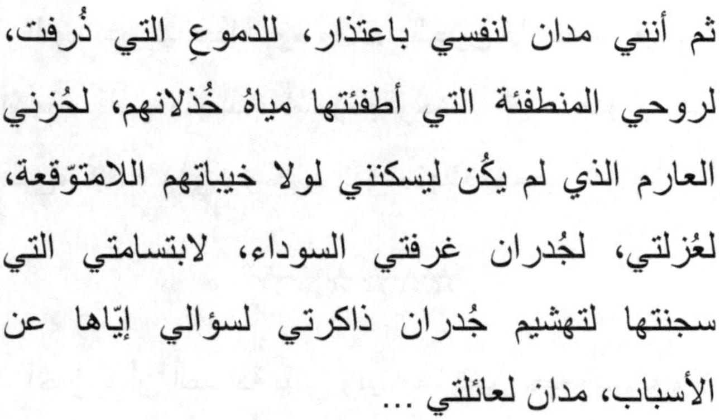

ثم أنني مدان لنفسي باعتذار، للدموعِ التي ذُرفت، لروحي المنطفئة التي أطفئتها مياهُ خُذلانهم، لحُزني العارم الذي لم يكُن ليسكنني لولا خيباتهم اللامتوّقعة، لعُزلتي، لجُدران غرفتي السوداء، لابتسامتي التي سجنتها لتهشيم جُدران ذاكرتي لسؤالي إيّاها عن الأسباب، مدان لعائلتي ...

- حقًّا أعتذر فأنا مُتعبٌ كذلك ...

☆☆☆☆☆☆

- ماذا لو عرفت بأنك كنت آخر محاولة لشخص يبغض المحاولات، ماذا لو عرفت بأنه بعدك أغلق باب المحاولات للأبد، وختمها بخيبة منك.

☆☆☆☆☆☆

- ما زال صوتك في ثنايا مسمعي، والشوق في صدري، يفتت أضلعي، والله إن الشوق قد فاق تحملي، يا شوق رفقًا بالفؤاد ألا تعي يا زهرتي إن مَر اسمك عابرًا.

☆☆☆☆☆☆

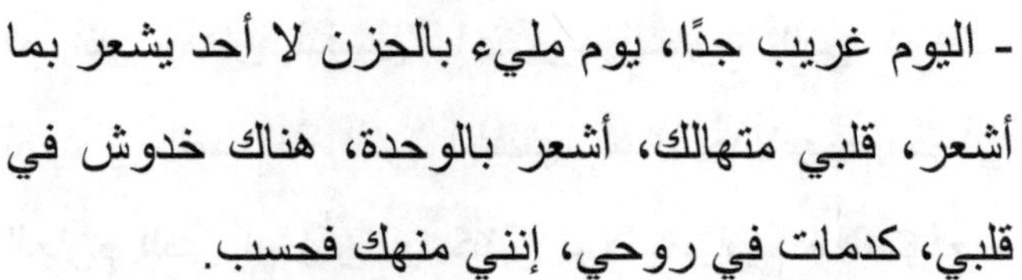

- اليوم غريب جدًا، يوم مليء بالحزن لا أحد يشعر بما أشعر، قلبي متهالك، أشعر بالوحدة، هناك خدوش في قلبي، كدمات في روحي، إنني منهك فحسب.

☆☆☆☆☆☆

- أخبروه أن المسافة بيني وبينه ما تغير حبه بقلبي، ولا تمنعني من احتضانه كل يوم بدعاء صادق من القلب، أخبروه أن قلبي متعلق بقلبه رغم البعد الذي يفصل بيننا، أخبروه أني أحبه رقم قساوة القدر في لقاءنا، ورغم كل الظروف.

☆☆☆☆☆☆

وأحيانًا يأتي سكونٌ عارِمٌ فيك ويستقرُ، فتتحول ملامحُك لملاح جِدّية، وكلماتك لصمتٍ مُطبق ليكون كُل هذا جوابًا كافيًّا على أنك ما عدت قادرًا على مُجاراة ما يحدث حولك!

أَودعتُ عِندكَ أحلامي، أتحفَظها؟

أمّنتُ قلبك آمالي، أتؤويها؟

أهديتكَ العُمر أرضًا لا بناءَ بها ...

أتستطيعُ ببعضِ الحُبِّ تبنيها؟

جعلتكَ العُمرَ يا عُمري ... أتذكُرها؟

أشعارُنا ... لحَنها ... أيضًا أغانيها؟

لمَّا بحُبٍ وإحساسٍ نردِدُها ...

لمَّا لفرطِ الحنينِ اليومَ نبكيها.

☆☆☆☆☆☆

أنت أول شخص أفتح له قلبي كاملًا، أول شخص أعطيه كل مشاعر الحب والصداقة في آنٍ واحد، أول شخص لا أستطيع صد قلبي عنه، أول شخص أغفو وأنا أفكر به، وأستيقظ وهو فكرتي الأولى، أول شخص يطمئنني وجوده، وترعبني فكرة اختفائه.

☆☆☆☆☆☆

لا أحتاج إلى علاقة أبذل فيها جهدي حتى أصل للكمال بعينيك، أحتاج إلى علاقة أتساءل فيها لما تراني بهذا الكمال، وأنا ممتلئ بالعيوب؟

☆☆☆☆☆☆

لن أندم على أي شخص دخل حياتي ورحل .. المخلص أسعدني

والسيئ منحني التجربة

والأسوأ كان درسًا لي

أما الأفضل فلن يتركني أبدًا ...

"هل لاحظت أن الموت وحده هو الذي يوقظ مشاعرنا؟ وكيف أننا نحب الأصدقاء الذين غادرونا لتوهم؟ وكيف نعجب بأولئك الأساتذة الذين لم يعودوا يتحدثون، بعد أن ملأ التراب أفواههم! حينئذ ينبثق التعبير عن الإعجاب طبيعيًّا، ذلك الإعجاب الذي ربما كانوا يتوقعونه منا طيلة حياتهم، ولكن أتعرف لماذا نكون دائمًا أكثر عدلًا، وأشد كرمًا نحو الموتى؟ السبب بسيط فليس هناك التزام نحوهم، إنهم يتركوننا أحرارًا".

☆☆☆☆☆☆

"لم أعد أنتظرك.

أتقصد أنك لم تعد تشتاق لي!

لا، ما زلت أفتقدك، وما زلت أشتاق وأحن، لكن شيء بداخلي انطفأ نحوك، اقتنعت أخيرًا أننا لن نلتقي أبدًا".

فيكِ أرى الحسنَ مكتملُ

وفي الغير تصنعٌ وطِلاءُ

ومعذورٌ من لا يراكِ جميلةً

فعلى بعض العيون غشاءٌ.

☆☆☆☆☆☆

الأشياء التي تأتي من طرف واحد دائمًا مؤلمة، مثلَ كونك تنتظر والآخر نائم، وتقلق والآخر يضحك، وتكتبُ والآخر لا يقرأ، وتتعب والآخر لا يُبالي ...

☆☆☆☆☆☆

أنا لستُ مهتمَّة بك، ولم أُكرِّس يومي لمراقبتِك 24 ساعة متواصلة، لكن صورتك التي غيرتها في واحد وعشرين من نوفمبر الفائِت الساعة الثامِنة والواحدة وأربعون دقيقة كانت جميلة ...

☆☆☆☆☆☆

لا تغفر إياك ثم إياك فالذي ضمن قلبك سيضمن مغفرتك، وعندها سيؤذيك بلا رحمة، ماذا أفعل باعتذارك، طالما مشهد الإساءة ما زال عالقًا في ذاكرتي ...

☆☆☆☆☆☆

أخبروا الأشياء المتأخرة أنَّ قُدومها لم يعّد مُرحبًا به فقد فاتَ أوان اللهفة، وأنَّ مجيئها الآن بعدَ انطفاء الشغف لنّ يجدي نفعًا، عندما تُكسر الثقة الاعتذار لا يعني شيء ...

☆☆☆☆☆☆

لا أتخيل أن أقع في حب شخص يراني عاديًا، يفوّت يوم ميلادي، لا يعرف شكل الحزن في عينيّ، شخص يمضي ولا يكترث لخطواتي، يتخطَّى اسمي ولا تهتز روحه، شخص لا يقرأ لي بانبهار، ولا يعيرني انتباهه في أهم لحظاتي لا أتخيل أبدًا ...

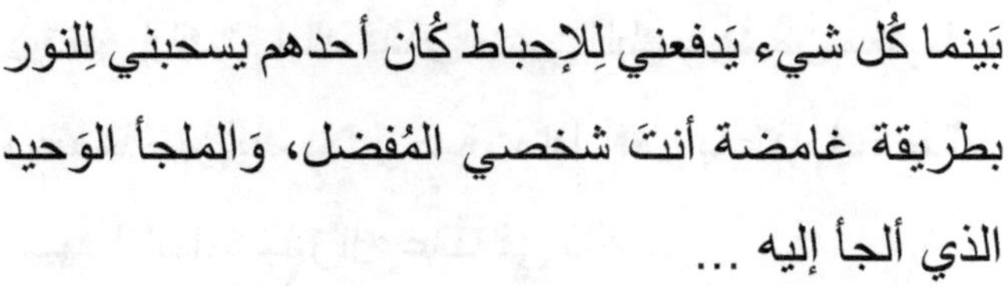

بَينما كُل شيء يَدفعني لِلإحباط كُان أحدهم يسحبني لِلنور بطريقة غامضة أنتَ شخصي المُفضل، وَالملجأ الوَحيد الذي ألجأ إليه ...

☆☆☆☆☆☆

هناك دائمًا متسع من الوقت، لا تُتعِب نفسك ولا تُقارِنها بأحد، كُل ما عليك فعله هو أن تُوسع مدارِكك، وتكتشف قدراتك شيئًا فشيئًا المُهم أن تُصبح راضيًا في نهاية المطَاف.

☆☆☆☆☆☆

"أُحب هذا الحب، أُحب أن أحبك بملء جوارحي كلها، أن أهب كل ما فيّ لهذا الحب بغزارة تامة دون توقف، أن أركض في ربوعك بخِفّة، مثل فراشة".

☆☆☆☆☆☆

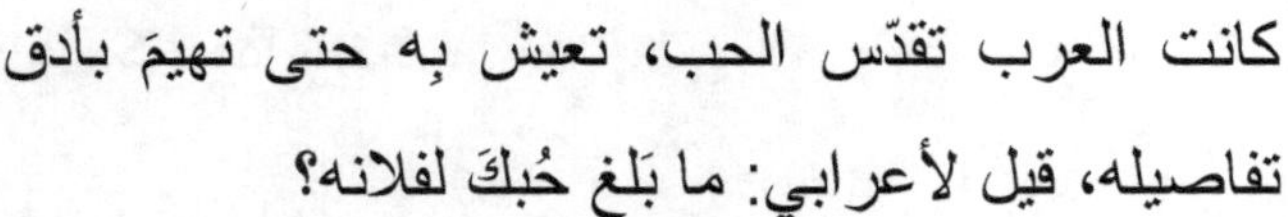

كانت العرب تقدّس الحب، تعيش بِه حتى تهيمَ بأدق تفاصيله، قيل لأعرابي: ما بَلَغ حُبكَ لفلانه؟

فقال: والله إني أرى الشمس على حائطها أجمل من على حائطِ جيرانها.

☆☆☆☆☆☆

- لم أعد مناسب للمعاشرة الطويلة والوعود الكثيرة، لم أعد أستطيع تحمل الاهتمام، ولا الحب، لم أعد أريد أن أكون الأول بقلب شَخص أو المفضل، أريد فقط أن أذهب بعيدًا.

☆☆☆☆☆☆

"كنتُ بحاجة إلى من ينزعني من غرقي في هذا الليل، ولم يخطر ببالي أحد؛ من هؤلاء الناس في حياتي إذًا؟، كم كنتُ وحدي، أرسم أشخاصًا، ليسوا لي".

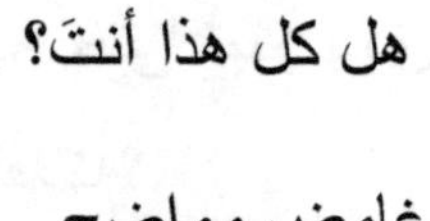

هل كل هذا أنتَ؟

غامض وواضِح

وحاضر وغائب معًا

عيناكَ ليلٌ حالك ويُضيئني

ويداكَ باردتان ترتجفان

لكن توقدان الجمرَ في جسدي

وصوتِكَ نغمة مائية، وتذيبني في الكأس

أنتَ قمري وقدري، وعصيّ وأليف

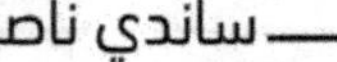

سأخبرك سرًّا:

أنا معك في عزلتك وغضبك،

أنا معك بفرحك وسعادتك،

أنا معك في أحلامك وخيالك،

أنا معك في احتياجك لي،

أنا معك في جميع ظروفك،

أنا معك في العسر واليسر،

أنا معك في السراء والضراء،

أنا لك ولجميع أطرافك أحببك.

"أنتِ جميلة على الرغم من ذاكَ الليلِ أسفل عينيكِ، وعلى الرغم من ذاكَ الصمت الذي تعيشين فيه؛ فاتنة بهدوئكِ المُبالغ، ومزاجيتكِ المتقلبة، وبُكائكِ على أتفه الأشياء؛ فاتنةٌ بكُل تفاصيلك، انطوائيتك، وكلُ ما بكِ من حُزن.

☆☆☆☆☆☆

"لم أكن أعرف بأني أحبه إلا حينما وجدتني، ولمرات عدة أركض إليه عندما أحاول الهرب من الجميع، حتى نفسي؛ ثم أستريح تحت ظلال قلبه، مثلما يسرع المرء بخطاه في ظهيرة حارة ليستريح تحت ظل شجرة، مثل هذا الملاذ، مثل هذه الكفاية".

"كان العالمُ بين ذراعيْه دافئًا، وفيه راحةٌ من نوعٍ آخر، راحةٌ مُضاعفةٌ ومُكثفةٌ؛ حيث يعتريك في البدايةِ شعورٌ بالقبول، وأنه ثمةَ مكانٌ يحتضِنُك بالكامل، ويُريدُك بالكامل، ويتقبلُك بالكامل، ثم يعتريك بعدها شعورٌ بالنعاس ورغبةٌ في النوم، فقد وجدتَ ضالتك أخيرًا، ولا شيء يُمكنُ أن تقلقَ حياله بالخارج، وفي النهاية تشعرُ بالانتماء لهذا المكان، تشعرُ أنه مأواك ومُستقرُّك، وأنه المكان الذي ستعود إليه دائمًا مهما ذهبْتِ واغتربتِ؛ ثم تترُكِ ذُراعيْه، وترفعِ رأسكِ لتتبادلِ معه النظرات، فتجدِ في عينيه ذراعيْن أُخرييْن يُناديانكِ، ويُرحبان بكِ، فتُلقي نفسك بين ذراعيْه مرةً أخرى".

اعتقدت يا صديقي، أن الذي أحبّني لن يهجرني وهجرني، اعتقدت يا صديقي، أن الطريق وإن كان طويل، لن أتعثر في أول منعطف، وسأجد كتف أتكأ عليه وسقطت، اعتقدت يا صديقي، أنني سأجد من أخبره بذلك، وأنني لن أستخدم صفةً، بل اسم ... ولم أجد، وكما هي حال المعتقدات وجدت لتؤمن بها، لا لتتحقق وجوديًّا؛ تبًا لي ولاعتقاداتي!

☆☆☆☆☆☆

وكأن الأرض راكمت ترابها كلّه فوق صدري، فما عدت أستطيع التنفس أو حتى إبعاده عني لأعاود القيام والمواجهة، أحتاج يدك لتمد لي العون أحتاجها وبشدة لتكون لي وطنً ... وسلامً ... وسكينةً ... أحتاجها كما أحتاج هواء هذا الكون كله كي أعالج ضيق صدري وضعف تنفسي، أحتاجك كما أحتاج الماء كي أطفأ شعلة النيران المشتعلة في قلبي، أحتاجك وأنتظرك، وما عدت أملك سوى الانتظار ... هل تعي؟!!!.

لأولئك المستلقون على فراشهم

خاصمهم النوم، وأسرتهم الأشواق،

لأولئك الذين يبحثون عن عبارات سوداء

تصف ما بداخلهم من خذلان وأسى،

لأولئك الفاشلون في كل شيء حتى في الانتحار،

ابتسم فالتعاسة تليق بك.

☆☆☆☆☆☆

لطالما بذلتُ فيك الكثير من الكلام الذي ظننتهُ يواسيني يلمُّ بعثرتي ويأويني، كنتُ أنثر أحرفَ الطمأنينة في لأُهدئ روعَ داخلي، وكُلّي أستمع، لكنك كنت بارعًا في إيصال رسائل الألم، راجيًا احتراق داخلي، وقد احترقت هنيئًا لك.

لمجهولي

ها أنا أضع يدي على قلبي،

وأنادي باسمك مرارًا وتكرارًا!

هل ستسمعني، ولو كنت في باطن الأرض متوسد قبرك كما أخبرتني؟

ها أنا أجدك في كل شيء،

أجدك وجودًا يطغى على الحاضرين

فـجدني! لطفًا فقد ملأت التجاعيد وجهي،

أنا تائه جدًّا، والخراب والضياع ينخران في جسدي.

فـجدني!

كل ما في الأمر أود أن أتقيأ نفسي وقلبي ومشاعري، سوف أجلد ذاتي حتى يتمزق اللحم عن العظم، هكذا أصِل إلى قرار عن استحقاقي للسعادة، أشعر بالذنب لعدم اكتمال معرفتي، بالفشل لعدم تقدمي، أشعر كذلك أن لا شيء يستحق أن أبذل من أجله الجهد، فالنهاية بؤس واحد موزَّع، أتمنى أن لا اتقيأ هذا الهراء أمام أحد، أنا فارغ يصاحبني حزن أجوف باهت، قبيح مثل كدمة تستقر بهدوء على وجهي، أحتاج أن أتقيأ قلبي، وينتهي كل هذا كما بدأ دون سبب أو معنى.

اوعى تبخل على حد بمعلومة، واختصر على الناس الطريق اللي أنت أخدته في عشر خطوات، وخليهم يعملوه خطوة واحدة محدش بيآخد رزق حد، كل متساعد غيرك هتلاقي ربنا بيسخرلك من حيث لا تحتسب اللي يساعدك، ويقف جمبك، ويجبر بخاطرك، وهتلاقي ربنا بيكرمك بزيادة.

(هَلْ جَزَاءُ الْإِحْسَانِ إِلَّا الْإِحْسَانُ)[الرحمن:٦٠].

☆☆☆☆☆☆

"العوض الذي يأتي من الله مهما تأخر يأتي مُذهلًا، مُباركًا، جابِرًا ... وغدًا ستَقولُ أن ها هو ربي لم يَخْذلنِي، دعَوتُهُ وصبَرتُ، واسْتَجاب لي".

حد بينصحك في الدين

أنا حرة أنا اللي هتحاسب (غلط)

قال رسول الله - صلى الله عليه وسلم-: (من رأى منكم منكرًا فليغيره بيده، فإن لم يستطع فبلسانه، فإن لم يستطع فبقلبه، وذلك أضعف الإيمان). «صحيح» [رواه مسلم].

يعني احنا مش هننصحك عشان جمال عيونك أو هنآخد فلوس ورا نصيحتك بس هنتحاسب لو شوفنا منكر، ومقولناش إنه منكر.

اللهم إني صائم (خطأ)

إني صائم إني صائم (صواب)

قال العلامة ابن عثيمين:

"منذ سنين وهذه البدعة منتشرة بين الناس، فكلما سبه أحد أو شتمه قال "اللّهم إني صائم".

وهذا لا يجوز بل الصحيح أن نقول "إني صائم" مرتين، لما رواه البخاري ومسلم عن أبي هريرة رضي الله عنه أن رسول الله ﷺ قال: الصِّيَامُ جُنَّةٌ، فَلاَ يَرْفثْ وَلاَ يَجْهَلْ، وَإِنِ امْرُؤٌ قَاتَلَهُ أَوْ شَاتَمَهُ، فَلْيَقُلْ إِنِّي صَائِمٌ ...

☆☆☆☆☆☆

اللهُم أغفر لسـاندي واعفُو عنها، وأدخلها الجنة بغير حِساب، ولا سابقة عذاب، اللهُم اجبر قلبها، وحقق لها ما تتمنىٰ وتُريد، وارزقها حِفظ القرآن، ورُدها إليك ردًّا جَمِيلًا.

سُنة مهجورة:

ـ الصوم عندما تكون النفس تائقة للزواج ولا تستطيع.

فعن عبد الله بن مسعود - رضي الله عنه - مرفوعًا: «يا معشر الشباب، من استطاع منكم الباءة فليتزوج؛ فإنه أغض للبصر، وأحصن للفرج، ومن لم يستطع فعليه بالصوم؛ فإنه له وِجَاءٌ».

بما أن التحصن والتعفف واجب، وضدهما محرم، وهو آتٍ من قبل شدة الشهوة مع ضعف الإيمان، والشباب أشد شهوة، خاطبهم النبي - صلى الله عليه وسلم – مرشدًا لهم إلى طريق العفاف، وذلك أن من يجد منهم مؤنة النكاح من المهر والنفقة والسكن؛ فليتزوج لأن الزواج يغض البصر عن النظر المحرم، ويحصن الفرج عن الفواحش، وأغرى من لم يستطع منهم مؤنة النكاح بالصوم، ففيه الأجر، وقمع شهوة الجماع، وإضعافها بترك الطعام والشراب، فتضعف النفس، وتنسد مجارى الدم التي ينفذ معها الشيطان، فالصوم يكسر الشهوة.

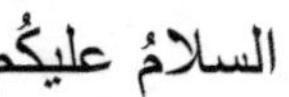

السلامُ عليكُم

الحمدُ للهِ وبعدُ، فُلانة خلعت خمارها، والثانية تخلت عن إدنائها ولبسها الشرعي، والثالثة سبغت وجهها بالمساحيق، وأدوات الزينة، والأخيرة هجرت المسجد ودروس العلم ...

أهكذا تفعل الجامعة بأهلها حين يلتحقون بها؟!

أم أنَّ القلوب لم تصدق الله فأتت الفتن فهَشّمتها ودغدَغَتها؟

(أرضِيتُم بالحيٰوةِ الدنيا مَن الآخرة)؟! = (فَمَا متـٰعُ الحيٰوةِ الدُّنيا في الآخرةِ إلَّا قليل)[التوبة:٣٨].

عارفين يعني إيه "إِنَّ اللَّهَ يُدَافِعُ عَنِ الَّذِينَ آمَنُوا"

يعني السيدة مريم في عز ما كانت في وضع لازم ترد، وتدافع عن نفسها ربنا أمرها بالصوم عن الكلام مع البشر؟

"(إِمَّا تَرَيِنَّ مِنَ الْبَشَرِ أَحَدًا فَقُولِي إِنِّي نَذَرْتُ لِلرَّحْمَٰنِ صَوْمًا فَلَنْ أُكَلِّمَ الْيَوْمَ إِنسِيًّا)[مريم:٢٦].

كلام الناس وأحكامها بيوجع، لكن لو استوعبت وحسيت، واستشعرت وصدقت إن ربنا هو اللي هيدافع عنك، وهو المعين في كل تفاصيلك ومواقفك، وجعك هيهون أوي بلطف الله ...

لا كلامك ولا أفعالك هي اللي هتجيبلك حقك، ولا هتغير انطباعات ناس عايزة تصدق اللي نفسها تصدقه، هي مجرد أدوات سعي وأخد بالأسباب، لكن اللي هيدافع عنك، وهينصرك في كل خطواتك، ويعينك على طريقته، هو ربنا وبس ...

(إِنَّ اللَّهَ يُدَافِعُ عَنِ الَّذِينَ آمَنُوا)[الحج:٣٨].

ثمَّ تُبتَلىٰ وَتُبتَلىٰ حتَّىٰ تطَأَ قدَمَاكَ الجنَّة، فتُغمَّسُ، فيها غَمسَةً، وتقُول والله ما رأَيتُ شَقاءً قَط! ...

(وَمَا يُلَقَّاهَا إِلَّا الَّذِينَ صَبَرُوا)[فصلت:٣٥].

☆☆☆☆☆☆

"يا نهار أسود، يوم أسود، سنه سودة"

↵ في الحديث القُدسيّ : "لا تسبُّوا الدهرَ فأنا الدهرَ".

_ يعني ربنا بيقولنا لا تسبوا الدهر فأنا الدهر ...

والدهر بيشمل اليوم والسنة والشهر والنهار والليل إلخ ...

يا ريت نأخذ بالنا يا جماعة:

↜ حاجات بنعملها ومتعودين عليها لازم نبطلها.

نادرًا لا يستجاب الدعاء، فإما أن يأتيك نصرًا ..

أو يأتيك أزرًا، أو يُمطرك رزقًا ..

الدعاء

ينسف يأسًا ..

ويهدم بأسًا ..

وينبت أُنسًا ..

(وَقَالَ رَبُّكُمُ ادْعُونِي أَسْتَجِبْ لَكُمْ)[غافر:٦٠].

"من هجر القرآن، هجره كُلُّ شيء، حتى نفسه التي بين جَنبيه تتبدل له، والأرض التي يمشي عليها، فما تعود الأرض التي يعرف!

ارجِع، فما بقي فيكَ من نَفَسٍ يخرج وقلبٌ ينبض، إذًا لديك وقت

ارجِع فما عاد في العمر بقية!"

"قُلْ لِلَّذي هجرَ الكِتابَ، وما

تَلا في يَومـهِ وِردًا مِنَ القرآن

أتُراكَ تُبصِرُ للسعادةِ مَوطِنًا؟

أمْ تاهَ قلبُكَ في دُجى الأحزانِ!"

من أكثر سور القرآن تصبيرًا للقلب:

سورة آل عمران وسورة يوسف، ومن العجائب أن السورتين كليهما يُذكر فيهما الصبر والتقوى مقرونين!!

عجيب صدقًا!

(وَإِن تَصْبِرُوا وَتَتَّقُوا لَا يَضُرُّكُمْ كَيْدُهُمْ شَيْئًا)[آل عمران:١٢٠].

(لَتُبْلَوُنَّ فِي أَمْوَالِكُمْ وَأَنفُسِكُمْ وَلَتَسْمَعُنَّ مِنَ الَّذِينَ أُوتُوا الْكِتَابَ مِن قَبْلِكُمْ وَمِنَ الَّذِينَ أَشْرَكُوا أَذًى كَثِيرًا ۚ وَإِن تَصْبِرُوا وَتَتَّقُوا فَإِنَّ من ذَٰلِكَ مِنْ عَزْمِ الْأُمُورِ)[آل عمران:١٨٦].

(إِنَّهُ مَنْ يَتَّقِ وَيَصْبِرْ فَإِنَّ اللَّهَ لا يُضِيعُ أَجْرَ الْمُحْسِنِينَ)[يوسف:٩٠].

وكأن أفضل صورة للعبد يحبها الرب عند البلاء:

صورة: الصابر التقي.

أمس كنت بسمع حلقة د.أمير منير في فَهدي:

كان بيقول إنه مش من أول مرة هتسمع القرآن هيأثر فيك

هتحتاج تقرأ وتقرأ؛ لأن قلبك عليه أقفال العلاقة مع القرآن تحتاج صبر،

ووقت لتتثبت وتتحقق،

ودا فعليًّا بيحصل!

لو جلست فترة كل يوم بتسمع قرآن لمدة نصف ساعة على الأقل

مع ورد ثابت حتى لو وجه واحد

بعد شهر حتى لو مش فاهم

ترى تغير في حال قلبك بدون ما تآخذ بالك

قلبك يلين ويتأثر بأي شيء!

القرآن شفاءً.

جزء كبير من الهدوء والسلام النفسي يستمد من قاعدتين:

• الدنيا زائلة وهتخلص، وأي نجاح دنيوي هو إعمار للأرض تعبدًا لله، فأنت مش بتنافس حد، أنت في رحلة سفر ويومين وهتخلص.

• لا تتعلق إلا بالله، ولا تنتظر إلا من الله، وخلي معاملتك مع الناس لله، واخفض سقف توقعاتك في الناس.

السلام عليكم ورحمة الله وبركاتُه

الناس اللِي بتفكر وهي بتصلي، اللِي نفسها تخشع ومش عارفة، تقول الدُعاء دَا 3 مرات قبل ما تصلي:

"اللهم إني أعوذ بك

من الشيطان الرجيم

من همزه ونفخه ونفثه".

فِي ناس كتير محتاجة الدُعاء ده ويا بخت ثوابك لما يعرفوه الدال على الخير كفاعله.

☆☆☆☆☆

"والله لو تلفتّ الدنيا كلّها باحثًا عن السعادة وراحة البال فلن تجدها إلا باللجوء لله، إلا بالاقتراب منه، حتّى وإن أصابك همٌ من هموم الدنيا فلا ضير عليك فإن الله قد تكفّل بك، تكفّل بأن يجعل لك مخرجًا، "ومن يتقِ الله يجعل له مخرجًا"، ثُمَّ ماذا؟، "ويرزقه من حيثُ لا يحتسِب".

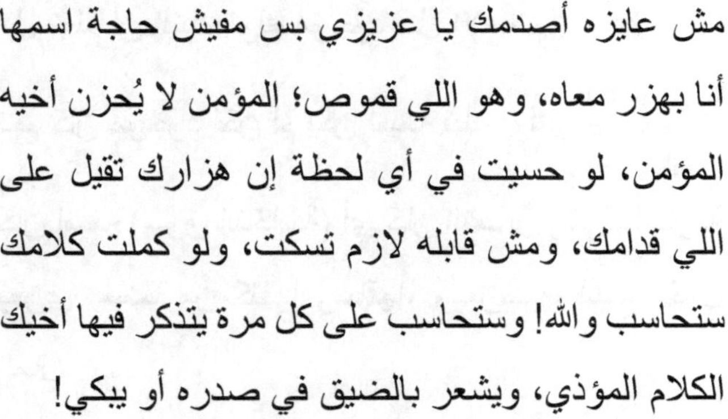

مش عايزه أصدمك يا عزيزي بس مفيش حاجة اسمها أنا بهزر معاه، وهو اللي قموص؛ المؤمن لا يُحزن أخيه المؤمن، لو حسيت في أي لحظة إن هزارك تقيل على اللي قدامك، ومش قابله لازم تسكت، ولو كملت كلامك ستحاسب والله! وستحاسب على كل مرة يتذكر فيها أخيك الكلام المؤذي، ويشعر بالضيق في صدره أو يبكي!

مش أنتَ اللي بتحدد الكلام اللي بتقوله وحش ولا حلو، المتلقي هو اللي بيحدد وقع الكلمة عليه ازاي، مش المفروض تبقى دي علاقة المؤمنين ببعض أبدًا!

والذي نفسُ مُحَمَّدٍ بيدِهِ لا يُؤْمِنُ أحدُكُم حتى يُحِبَّ لِأَخِيهِ ما يُحِبُّ لنفسِهِ من الخيرِ.

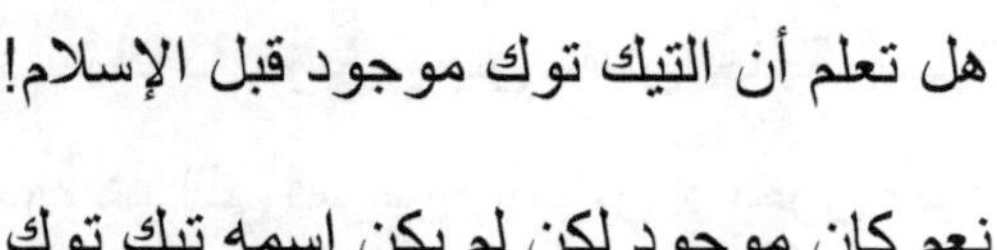

هل تعلم أن التيك توك موجود قبل الإسلام!

نعم كان موجود لكن لم يكن اسمه تيك توك

كان اسمه (سوق النخاسة) أي كان النخاس يأتي بالجارية يُعرّي بعضًا من كتفها وساقها، ويعرضها للبيع مقابل المال ...

فيقبل الجمهور، وترتفع المشاهدات حسب جمال الجارية، وإغراءها للمشاهدين!

هل يختلف التيك توك الآن عن سوق النخاسة زمان؟

هو نفسه ولا يختلف عنه في شيء تُعرض فيه الجاريات العاريات العاميات للعامة، وتجمع فيه الأموال، وتباع فيه النساء كالسلع أو أرخص من ذلك.

اللهم نسألك الستر والعافية والهداية لشباب، ونساء المسلمين!!

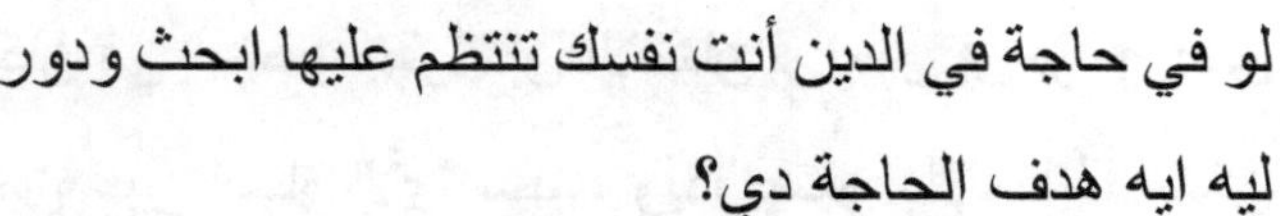

لو في حاجة في الدين أنت نفسك تنتظم عليها ابحث ودور ليه ايه هدف الحاجة دي؟

اللي مبيصلوش لو عرفوا هدف الصلاة، والراحة النفسية فيها مش هيفوتوا فرض أبدًا.

اللي مش بتلبس الحجاب لو عرفت إن الحجاب شيء لمصلحتها عشان يحفظها، ويسترها من أي وحش هتلبسه من تاني يوم بكل حب، وهكذا أي عادة سواء في الدين أو في حياتك لو عرفت هدفها هتحبها، وهتعملها بكل حب مش مجرد فرض عليك، وأنت مش فاهم؛ لأن دا ممكن يخليك تقصر فيها في يوم.

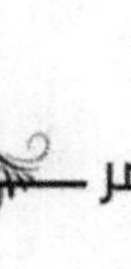

كان في شخص بيقول إن الإنسان لو حس إن يومه عدى من غير إنجاز لأي سبب، وبدأ يشعر بالإحباط، ممكن يذكر الله؛ لأن الذكر ممكن يغفر ذنب، يكتب حسنة، يرفع درجة، يبني بيت أو يزرع نخلة في الجنة، يكون عدل تحرير رقبة، يعتق من النار، وكل دي إنجازات جميلة، والأجمل إن ربنا بيذكره؛ (فَاذْكُرُونِي أَذْكُرْكُمْ) [البقرة:١٥٢].

☆☆☆☆☆☆

المؤمنُ القويُّ خيرٌ وأحبُّ إلى اللهِ من المؤمنِ الضعيفِ، وفي كلٍ خيرٌ احرصْ على ما ينفعُك واستعنْ باللهِ ولا تعجِزنَّ، وإن أصابَك شيءٌ فلا تقلْ: لو أني فعلتُ لكانَ كذا وكذا، ولكن قلْ قدَّرَ اللهُ، وما شاءَ فعلَ فإن لو تفتحُ عملَ الشيطانِ.

حقيقة مُرعبة صدقًا نلهث وراء دنيا كدا كدا هتفنى، نغرق في شهواتنا اللي هي كدا كدا رغبات زائلة، ومتع لحظية ومرضية للحظات، وبعدها فراغ مميت، نترك الفروض، ونفرط في العبادات عشان شغل عشان دراسة عشان دُنيا هتفنى!، والمُرعب إنه اللي بنعمله واحنا بنجري، وعايزين الدنيا، وهنموت عليها هو اللي بيحدد مصيرك فين!

الله يلطف بينا وينور بصيرتنا ويهدينا وينزع الدنيا من قلوبنا يا رب.

(فأوجسَ في نفسِه خيفةً مُوسى قُلنا لا تَخف) [طه: ٦٧]

أوجس في نفسِه،

لم ينطُق خوفه،

لم يصغه في دُعاء

ولم يتضرّع به،

فقط أوجسَه،

فجاء الرد الإلهي: قلنا لا تخف!

فاللهمّ نرفع إليك كل مخاوفنا

التي لا نَستطيع صياغَتها،

وتلك التي لا نقدرُ على النُطق بها،

وتلك التي نخجل منكَ إذا قُلناها،

فارسل يا ربي طمأنينة من عندك،

واستجابة تنسينا ما قد أوجسنا!

☆☆☆☆☆☆

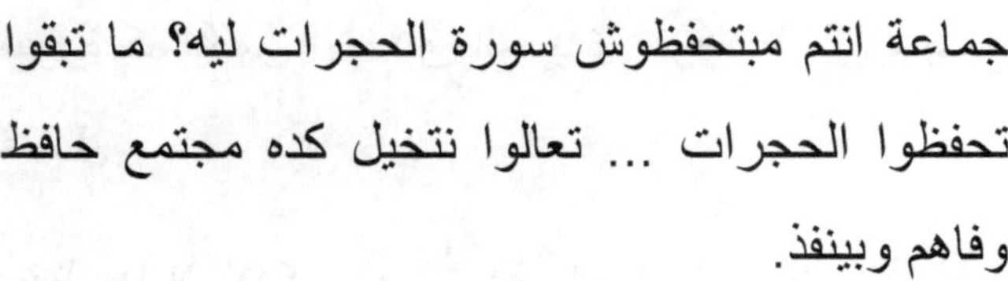

جماعة انتم مبتحفظوش سورة الحجرات ليه؟ ما تبقوا تحفظوا الحجرات ... تعالوا نتخيل كده مجتمع حافظ وفاهم وبينفذ.

(يَا أَيُّهَا الَّذِينَ آمَنُوا إِن جَاءَكُمْ فَاسِقٌ بِنَبَإٍ فَتَبَيَّنُوا أَن تُصِيبُوا قَوْمًا بِجَهَالَةٍ فَتُصْبِحُوا عَلَىٰ مَا فَعَلْتُمْ نَادِمِينَ) [الحجرات:6].

(وَإِن طَائِفَتَانِ مِنَ الْمُؤْمِنِينَ اقْتَتَلُوا فَأَصْلِحُوا بَيْنَهُمَا) [الحجرات:٩].

(يَا أَيُّهَا الَّذِينَ آمَنُوا لَا يَسْخَرْ قَوْمٌ مِّن قَوْمٍ عَسَىٰ أَن يَكُونُوا خَيْرًا مِّنْهُمْ وَلَا نِسَاءٌ مِّن نِّسَاءٍ عَسَىٰ أَن يَكُنَّ خَيْرًا مِّنْهُنَّ ۖ وَلَا تَلْمِزُوا أَنفُسَكُمْ وَلَا تَنَابَزُوا بِالْأَلْقَابِ) [الحجرات: ١٠].

(يَا أَيُّهَا الَّذِينَ آمَنُوا اجْتَنِبُوا كَثِيرًا مِّنَ الظَّنِّ إِنَّ بَعْضَ الظَّنِّ إِثْمٌ ۖ وَلَا تَجَسَّسُوا وَلَا يَغْتَب بَّعْضُكُم بَعْضًا) [الحجرات:١٢].

(ِنَّ أَكْرَمَكُمْ عِنْدَ اللَّهِ أَتْقَاكُمْ) [الحجرات:١٣].

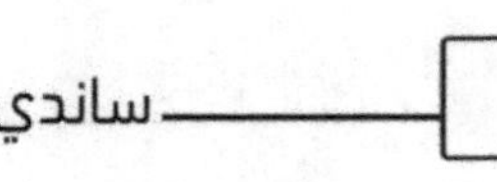

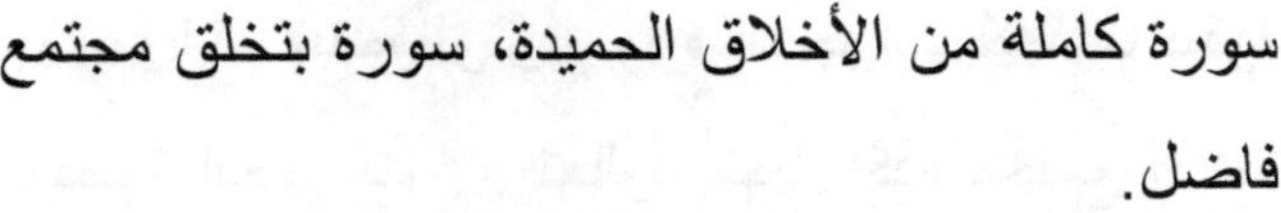

سورة كاملة من الأخلاق الحميدة، سورة بتخلق مجتمع فاضل.

حفظوها لأولادكم، دي ورقة واحدة وش وضهر خليهم يرتقوا في الدنيا والدين.

☆☆☆☆☆☆

أكتر حاجة بخاف منها إني معرفش هموت ازاي، اللحظات الأخيرة قبل ما أموت معرفش هتكون عاملة ازاي، حتى معرفش حياتي الأبدية هتكون في النار، ولا في الجنة، الفكرة مرعبة جدًا ...

فيا رب إذا حضرتني الوفاة اختم لي خاتمة حسنة، وسهل عليا سكرات الموت، وأدخلني جنتك مع عبادك الصالحين!

قرب من ربنا، وابدأ صفحة جديدة، وخد قرار التوبة من كل حاجة بعدتك عن ربنا اللي مش بيصلي يبدأ ينتظم، ويجاهد ضد ذنوبه، وميستصغرش أي ذنب مهما كان، ممكن الذنب ده هو السبب الرئيسي في بعدك عن ربنا، لو منتظم في الصلاة صلي النوافل، واعمل ورد قرآن، وأنوي التوبة كل يوم، وكل لحظة عشان محدش ضامن أنه هيعيش لبكرة".

السلام عليكم ورحمة الله وبركاته

قال الإمــام ابن كـثيــر رحمه الله:

"البسُوا مِعطَف الأذكار؛ لِيقِيكم شُرور الإنْس والجَان، ودثّروا أرواحَكُم بالاستْغفار؛ لتَمْحي لكُم ذُنوب اللّيل والنّهَار، وإن أصابكم ما تكرهونه؛ فسترضون وتتيقنون بأنه خير قدر لكم ربكم؛ لأنكم قد تحصنتم بالله".

فاكر ربنا سندك كام مرة قبل كدا؟!

سندك في امتحان مكنتش محضرله كويس وعديت منه وبتقدير، فاكر كام مرة جبر بخاطرك بناس أحلى من اللي مشيوا؟! سندك وأنت حاسس بالظلم والقهر، وتلاقيه جايبلك حقك، سندك وأنت محتار بين أمرين وبتستشيره فيهم، وتلاقيه ميسرلك واحد وباعد عنك التاني، وتكتشف بعد فترة إن التاني ده كان هيسببلك مشاكل كتير، سندك وأنت بتقوله استرني، فتلاقيه سترك ورزقك من وسع، مفيش مرة كنت محتاج حاجة وقولتله يا رب متحوجنيش لحد وسابك!! كرم ربنا ملهوش آخر والله، ثِق بالله واطـمَـئِـن.